RAPPORT

SUR LA

DÉFENSE

DE BERNAY

LE 21 JANVIER 1871

Raviver de grands souvenirs,
c'est glorifier les Anciens
et grandir la Jeunesse.

BERNAY

IMPRIMERIE VEUVE ALFRED LEFÈVRE

Mmes J. et A. Lefèvre, successeurs

1888

RAPPORT

SUR LA

DÉFENSE

DE BERNAY

LE 21 JANVIER 1871

Raviver de grands souvenirs,
c'est glorifier les Anciens
et grandir la Jeunesse.

BERNAY

IMPRIMERIE VEUVE ALFRED LEFÈVRE

Mlles J. et A. Lefèvre, successeurs

1888

Monsieur le Maire,

J'ai l'honneur de vous adresser le Rapport que vous m'avez demandé, pour être mis à l'appui de la requête du Conseil Municipal, en vue d'obtenir, de Monsieur le Président de la République, l'autorisation de faire figurer, dans les armoiries de la ville, une croix de la Légion d'honneur, en souvenir de la Défense de Bernay, le 21 Janvier 1871.

24 Février 1888.

RAPPORT

ET

RÉSUMÉ HISTORIQUE

Sur les évènements qui ont précédé et amené la
défense de Bernay

LE 21 JANVIER 1871

RAPPORT et résumé historique sur les Évènements qui ont précédé et amené la Défense de Bernay, le 21 Janvier 1871.

Les gardes nationales, dissoutes depuis 1852, ayant été de nouveau réorganisées par la loi du 12 août 1870, le Commandant Goujon, ancien Chef de bataillon d'infanterie, avait été nommé à l'unanimité de l'élection, Commandant de la garde nationale de Bernay, et reconnu comme tel, le 11 septembre, en présence du bataillon sous les armes.

Aussitôt sa prise du commandement, le Commandant, dans son premier ordre du jour, après avoir remercié les officiers de l'honneur qu'ils lui avaient fait en le nommant leur chef, leur fit comprendre que, dans les circonstances solennelles du moment, le service devait être pris au sérieux, l'instruction militaire menée activement et une exacte discipline observée dans tous les rangs.

Au bout de quelque temps d'instruction de détail, les compagnies furent exercées aux reconnaissances de jour et de nuit et aux marches militaires. Cette manière de faire avait le double avantage de compléter l'instruction militaire et morale des hommes et de préserver la ville des coureurs ennemis. Aussi il faut bien qu'on le sache et qu'on ne l'oublie pas, c'est au service actif, laborieux et patriotique de sa garde nationale que Bernay a dû d'être respecté par l'ennemi, quand tout l'Est de l'arrondissement et le chef-lieu du département étaient parcourus, maltraités et réquisitionnés par ses troupes. Il a fallu qu'un corps d'armée entier fût appelé par sa direction stratégique à passer par Bernay, pour que la ville fût réduite à subir la loi de la force ; autrement, grâce aux mesures prises pendant les mois d'octobre, novembre, décembre et janvier, et constamment observées, elle fut restée vierge du contact des Allemands.

Toutes ces précautions ne tardèrent pas à recevoir leur application. En effet, le 24 octobre, arrivait à la sous-préfecture de Bernay un arrêté de M. le Préfet qui mobilisait la garde nationale et l'appelait à couvrir Evreux menacé par l'approche de l'ennemi. Cet arrêté était ainsi conçu :

« L'ennemi marche sur Vernon ; nos troupes sont repliées sur Pacy ; nous craignons pour Evreux aujourd'hui. Envoyez-moi tout votre monde. Vu l'état de guerre du département de l'Eure et la convocation du Général de Kersalaün, commandant le département, la garde nationale passe sous le régime militaire à dater de ce moment. »

En conséquence de cet ordre, le même jour, dans l'après-midi, le bataillon, fort de 800 hommes, partait en chemin de fer pour Evreux, y couchait, moitié en caserne, moitié chez l'habitant, et en partait le lendemain 25, à 9 heures du matin, pour aller, en vertu d'une instruction écrite du Général, remise au commandant :

« Prendre position sur le plateau du Plessis-Hébert, en deuxième ligne, derrière les mobiles de l'Eure, de manière à pouvoir les soutenir au besoin. »

Arrivé au Plessis-Hébert, encombré par les mobiles de l'Eure et les gardes nationaux de Saint-André, le Commandant fut obligé de faire faire tête de colonne à droite et d'aller s'installer à 4 kilomètres en arrière, sur le plateau boisé de Boisset-les-Prévenches, à cheval sur la route de Pacy à Saint-André, surveillant sur son front le vallon où passe le chemin de fer, et ayant le double avantage de pouvoir appuyer au besoin les mobiles et d'abriter ses hommes dans les maisons et les granges du village. Le temps était affreux depuis le départ d'Evreux.

Toutes les mesures de précaution furent prises pour la nuit, des patrouilles poussées dans les bois sur toutes les directions, principalement dans le vallon profond qui sépare les plateaux de Plessis-Hébert et de Boisset-les-Prévenches, et des officiers envoyés en avant, au bivouac du commandant Moquart, établi en première ligne dans les bois en-deça d'Ivry-la-Bataille, pour avoir des renseignements sur l'ennemi.

Le rapport sur la journée et la nuit ayant été porté au Général, le bataillon fut rappelé à Evreux dans l'après-midi du 26. Il y rentra par la route du Vieil-Evreux, y fut installé pour la nuit chez l'habitant, et reçut l'ordre du Général d'avoir à rentrer, le lendemain 27, à Bernay, ce qui fut exécuté.

Au retour à Bernay, le Commandant fut heureux de transmettre aux officiers et gardes, par la voie de l'ordre du jour, les remerciements de M. le Maire d'Evreux et les félicitations du Préfet et du Général commandant le département, pour le zèle et l'empressement que la garde nationale avait mis à répondre à leur appel.

Cependant les évènements marchaient à grands pas. En effet, dans les premiers jours de décembre, l'ennemi, après les affaires d'Etrépagny et d'Ecouis, semblait menacer Louviers par la rive droite de la Seine, tandis qu'il était signalé près d'Evreux et se montrait fréquemment à Vernon.

Dès le 20 novembre, le Commandant prévenait les Compagnies de se tenir prêtes à marcher au premier ordre, faisait distribuer 3 paquets de cartouches à chaque garde, et invitait les gardes nationaux montés à venir à cheval aux prises d'armes, afin de pouvoir servir d'éclaireurs. Trois compagnies par jour étaient désignées pour faire le service de Grand-Gardes à 3 et 4 kilomètres en avant de Bernay, à l'embranchement des routes, pour surveiller la campagne et couvrir la ville, alternant avec un bataillon de mobiles et un bataillon de mobilisés qui se trouvaient alors à Bernay.

C'est vers cette époque que le Commandant Goujon quitta le commandement de la Garde nationale, ayant été nommé Colonel commandant supérieur de la brigade des mobilisés de l'Eure, par arrêté du gouvernement de la Défense nationale, en date du 26 novembre. Le capitaine Fessard le remplaçait dans le commandement de la garde nationale.

Bernay était devenu le quartier général de l'administration départementale. Dès le 1er décembre, le Préfet, M. Fléau, était venu se réfugier à l'hôtel de la sous-préfecture, et le Trésorier-Payeur-Général, M. Rouland, à la recette particulière avec le service des Finances.

Le 4 décembre, était arrivé le télégramme suivant :

Secrétaire général à Sous-Préfet, Bernay
et Pont-Audemer

« Tenez vos gardes nationales en état de défense et de marcher au besoin, suivant les instructions que vous pouvez recevoir d'un instant à l'autre. Tel est l'avis du général Briand, qui me quitte en ce moment. Energie et confiance ! Rouen et le Havre paraissent bien résolus, quoiqu'il arrive. »

Le 12 décembre, le Capitaine de vaisseau, M. Guilhermy, faisant fonctions de Général commandant le département de l'Eure, s'était vu obligé d'évacuer Serquigny et de se retirer sur Bernay. Dès son arrivée il donnait

« Ordre, à M. le Commandant de la garde nationale d'occuper Plasnes et Saint-Léger-de-Rostes. »

En exécution de cet ordre, le bataillon, en deux colonnes, se porta sur les points indiqués, au-devant de l'ennemi qui lui était signalé comme menaçant la sécurité de Bernay, et les occupa les 12, 13 et 14 ; un détachement avait été poussé en avant à Malbrouck, débouché et point de jonction des deux grandes routes de Rouen et d'Evreux. L'ennemi n'ayant point continué ses mouvements, le Général rappela le bataillon à Bernay à la fin de la journée du 14.

Dans la soirée du 16 décembre, le Commandant de la garde nationale avait été prévenu par le Général de prendre ses dispositions pour appuyer, le lendemain matin, un mouvement offensif qu'il voulait faire en avant de Brionne, avec les troupes qu'il avait à sa disposition sur ce point. Mais, par suite de rapports désastreux, arrivés pendant la nuit, il avait été obligé de changer ses ordres et avait prescrit de se retirer sur Lisieux.

Dans la journée du 5 janvier, le Commandant Fessard, sur un simple avis télégraphique du Général Roy, de l'armée auxiliaire, qui avait succédé au capitaine de vaisseau, M. Guilhermy, réunit 400 hommes pris sur toutes les compagnies, de 20 à 40 ans, pour occuper et couvrir la ville de Pont-Audemer, menacée par les Allemands, après les combats de Bourgtheroulde. Le général prit avec lui le bataillon à son passage à Brionne et arriva le même jour à Pont-Audemer ; à son arrivée, il lança la dépêche suivante :

« Une panique, que rien ne peut justifier, s'est emparée des troupes à Pont-Audemer ; j'y arrive avec la garde nationale de Bernay. Qu'on arrête tous les fuyards, il seront punis. La garde nationale de Bernay a montré un grand exemple ; qu'on le suive, et, dans tous les cas, honneur à elle ! »

Cette dépêche qui fait le plus grand honneur à la garde nationale de Bernay arriva jusqu'à Coutances, au Colonel des mobilisés de l'Eure, qui s'empressa de la porter à la connaissance de la brigade, par la voie de l'ordre du jour.

Le lendemain matin, 6, un demi-bataillon, sous les ordres du Capitaine Bénard, composé des 1re, 2e, 3e et 4e compagnies, poussait une forte reconnaissance dans la direction de Rouen jusqu'à Annebaut, à 12 kilomètres de Pont-Audemer. Cette reconnaissance justifiait la dépêche du Général. Aucune troupe ennemie n'avait paru dans les environs. Le 7, le bataillon, par ordre, rentrait à Bernay ; sa mission était remplie.

Nous touchons au moment suprême, au dernier jour de la lutte et de l'existence fébrile, laborieuse et active des gardes nationaux, toujours sur pied pour défendre leurs foyers et courir au secours de leurs voisins menacés.

Le 20, des nouvelles alarmantes et confuses étant arrivées de Montreuil, l'autorité dépêcha la 2e compagnie en reconnaissance en avant de Broglie. A son arrivée, cette compagnie trouva M. le duc de Broglie, qui se mit avec empressement à sa disposition pour lui fournir ce dont elle avait besoin, en vivres, chauffage, etc. Elle s'établit en haut et à la pointe du parc, entre les deux routes, ayant devant elle un horizon étendu. Les renseignements recueillis et rapportés par la reconnaissance confirmaient la présence de l'ennemi à Montreuil, mais ne savaient pas en fixer le nombre. Pas un seul éclaireur n'avait paru à Broglie.

21 JANVIER

Nous voici arrivés à cette date glorieuse et funèbre : glorieuse par la résolution prise, par le devoir accompli, par les résultats obtenus ; funèbre par les douleurs, les veuves et les orphelins qu'elle a laissés.

Les bruits de la veille ont pris de la consistance ; l'ennemi est formellement annoncé ; la peur ou l'audace, ces deux sentiments qui divisent toujours les masses, augmente ou diminue son effectif ; il vient d'une direction qu'on a peine à comprendre ; il faut donc aller à sa rencontre pour le reconnaître. On a tant fait de reconnaissances sans résultat, depuis novembre et décembre, qu'on ne peut former les faisceaux quand le danger s'approche de plus près. C'est donc une reconnaissance qui se produit le 21, reconnaissance obligatoire, forcée : il faut, en effet, s'assurer si, réellement, l'ennemi est aussi nombreux qu'on le dit, de quelles armes il se compose ; si c'est un corps d'armée ou simplement une avant garde, ou une troupe réquisitionnaire. Cette reconnaissance s'est faite ; elle a dégénéré en combat ; c'est ce qui arrive presque toujours ; car on ne s'approche pas, on ne s'étudie pas, on ne se tâte pas, sans échanger des coups de fusil, auxquels viennent souvent se joindre des coups de canon et se mêler les différentes armes qu'on a sous la main.

La reconnaissance du 21 se fit dans d'excellentes conditions : l'ennemi ne s'y attendait pas et marchait tranquille en colonne de route et sans précautions ; son effet moral sur l'ennemi fut prodigieux; en cela qu'elle arrêta non seulement son avant-garde et préserva la ville, le premier jour, mais aussi empêcha le corps entier du Duc de Mecklembourg de continuer son mouvement, avant de s'être assuré lui-même, et par ses

troupes et par ses espions, s'il n'y avait pas dans la
ville d'autres troupes que la garde nationale pour la
défendre ; et la résistance fut telle que jamais l'ennemi
ne voulut convenir qu'il n'avait eu affaire qu'à la garde
nationale. En effet, dans son rapport sur la journée du
21, le général Bredow parle de pantalons rouges, de
francs-tireurs. Il n'y avait malheureusement que des
pantalons bleus, mais ils furent si bien portés qu'on put
croire du côté de l'ennemi qu'il y avait, pour avoir osé
ouvrir le feu et marcher au-devant de lui, des troupes
régulières pour soutenir et diriger la défense. Ce n'est
que le lendemain, quand il sut qu'il n'aurait à faire qu'à
la garde nationale locale, qu'il prononça son mouvement,
avec la volonté bien arrêtée de l'effectuer et la certitude
du succès.

Cette digression préliminaire a pour but de répondre
à ceux qui ont appelé la journée du 21 une sublime
folie ; mais une folie sublime c'est l'exaltation enthou-
siaste d'un sentiment noble et généreux, élevé à sa plus
haute puissance et qu'aucune considération de danger
ou d'intérêt privé ne peut modérer ni arrêter ; folie
sublime mérite le respect des contemporains et a droit
à l'admiration de l'histoire. Il fut donc décidé qu'on irait
au-devant de l'ennemi.

Sans doute l'instruction militaire donnée pendant 3
mois, et la sérieuse discipline exercée dans les compagnies ont été pour quelque chose dans la décision de la
défense, mais cette instruction militaire et l'habitude de
la discipline n'auraient jamais prévalu dans une troupe
moins patriote, moins surexcitée par la haine de

l'étranger et surtout moins imbue de ce principe absolu : qu'une troupe armée, régulière ou auxiliaire, ne doit jamais poser les armes, sans avoir honorablement combattu.

C'est ce qu'ont fait et compris les citoyens-soldats de la ville de Bernay ; à la nouvelle de l'approche des Allemands, ils ont marché à leur rencontre, en faisant abnégation de leurs intérêts privés, de leurs foyers, de leurs familles, dans l'unique pensée d'un suprême et sublime dévouement à la Patrie, et peut-être aussi, dans l'espérance d'arrêter, ne fût-ce que pendant 24 heures (ce qui en effet est arrivé), l'avant-garde du corps de Mecklembourg, allant rallier, dans les plaines de la Picardie, l'armée de Manteuffel en contact avec Faidherbe. Ce retard de 24 heures, apporté dans la marche de l'ennemi, pouvait avoir les plus grandes conséquences. L'histoire de la Guerre nous en fournit de nombreux exemples.

Au sud-ouest de Bernay et se prolongeant en ligne droite du nord-est au sud-ouest, s'élève un plateau convexe, borné à gauche par la vallée de la Charentonne, à droite par le val Saint-Nicolas, et traversé en son milieu par la grande route de Bernay à Broglie, qui suit la partie la plus élevée du plateau. La distance de Bernay à Broglie est de 11 kilomètres ; le seul endroit habité que rencontré la route, dans tout son trajet, est le hameau de Malouve, disséminé sur les deux côtés, et à 3 kilomètres de Bernay ; la largeur du plateau, à Malouve, est de 3 kilomètres environ.

En sortant de Bernay, la route suit une courbe dont

la vieille route forme la corde ; au haut de la côte, elle
se prolonge en ligne droite jusqu'à l'horizon, suivant
un plan légèrement ascendant. A partir de ce point, à
gauche, s'étend un grand terrain pentagonal de 4
hectares environ, qu'on nomme *le Cours*, séparé de la
vieille route par des enclos et des allées de hêtres. En
avant du Cours, et de droite à gauche, se développent
trois herbages, une terre labourée et les bois dits
d'Alençon, qui descendent le versant du plateau jusqu'au
chemin de Saint-Quentin des-Iles. La largeur totale du
terrain compris entre la route et les bois d'Alençon
mesure environ 600 mètres. L'herbage de droite n'a
que 200 mètres sur 100 de largeur. Il est prolongé ensuite
par un bois taillis (le bois Hache), qui borde la gauche
de la route, sur une longueur de 1,400 mètres et une
largeur moyenne de 200 environ. Les deux autres
herbages ont 600 mètres de long et se terminent par les
fermes Lerichomme et Deraine, qui sont contiguës et
qui autrefois n'en faisaient qu'une. En avant des fermes
Lerichomme et Deraine, et entre le prolongement des
bois d'Alençon à gauche et du bois Hache à droite,
s'étend une vaste plaine cultivée. A 400 mètres au-delà
de l'extrémité du bois Hache, et à 3,100 mètres de
Bernay, sur le bord de la route, se trouve la ferme
Andrieu ; elle laisse entre elle et l'extrémité du bois
un vaste champ planté de pommiers. Voilà pour la
gauche.

Maintenant, à droite, au haut de la côte, en face du
bois Hache, se trouve d'abord la maison Loisel, ensuite
la maison Gonord, puis de vastes enclos et herbages

séparés par des banques de terre perpendiculaires à la route, et qui forment des parapets naturels, hauts d'un mètre. Enfin, en face du grand plant de pommiers qui sépare le bois Hache de la ferme Andrieu, se développe, sur le bord de la route, un petit bois-taillis de 200 mètres sur 100 de profondeur environ, ayant derrière lui les bruyères de Malouve, qui descendent jusqu'au thalweg de la vallée Prévost ; plus loin des champs et quelques maisons isolées. Voilà le champ de combat du 21 janvier. A l'extrême droite, il est limité par la vallée Prévost, qui prend le nom de Val-Monnard à la jonction du val Saint-Nicolas, à l'extrême gauche par la vallée de la Charentonne.

COMBAT DU 21 JANVIER

Dès le matin du 21, samedi, jour de marché, l'alarme est donnée ; la garde nationale se réunit. Vers 10 heures, les compagnies, prenant diverses directions, se dirigent sur les positions qu'elles doivent occuper.

Les éclaireurs, capitaine Brigot, se portent en avant sur la route de Broglie ; la 9° compagnie, capitaine Guérie, appuie le mouvement des éclaireurs ; la 3° compagnie, capitaine Metzegner, montant sur le Cours, va s'établir sur la lisière avancée du bois Hache ; la 2° compagnie, lieutenant Puel, commandant la compagnie, et la 6° compagnie capitaine Charpentier, s'étendent à sa gauche, en avant des fermes Deraine et Lerichomme ; la 7° compagnie, capitaine Ovide Buisson, passant par le chemin de la Couture, monte dans les bois d'Alençon et s'établit un peu en-deçà des Dix-Esseaux, sur le chemin qui traverse les bois dans leur longueur ; la 8e compagnie, capitaine Leduc, sort de la ville par la route de Beaumesnil, prend à droite, derrière la propriété Guérie, le chemin qui longe la vallée de la Charentonne par la rive droite, et s'avance jusqu'à la hauteur de la filature Avisse. Entre les 7e et 8e, et leur servant de trait d'union, un détachement d'une vingtaine de pompiers, commandé par le sergent Lévesque, pousse une reconnaissance sur la route de Saint-Quentin. La 8e compagnie forme l'extrême gauche de la ligne de défense ; les éclaireurs et la 9e compagnie l'extrême droite.

La 5e compagnie, capitaine Loyer, est de garde à l'Hôtel-de-Ville, avec les pompiers, capitaine Lecœur ; la 1re compagnie, capitaine Deboutteville, et la 4e, capitaine Bénard, sont en réserve sur le boulevard Dubus.

Vers 11 heures, les éclaireurs Brigot, marchant en pointe sur la route, aperçoivent, arrivés à 600 mètres environ au-delà de la ferme Andrieu, une masse noire et profonde, s'avançant en colonne sur la route, la saluent par un feu de peloton, fait à grande distance, et se jettent en tirailleurs dans les champs sur la droite. Sur ces entrefaites arrivaient de notre côté sur le champ du combat deux pièces de canon, ancien modèle. L'une se met en batterie sur la route même, à la hauteur de la deuxième barrière du bois Hache, au débouché du chemin qui, traversant le bois, conduit aux fermes Deraine et Lerichomme ; l'autre, à gauche, au-delà du

bois, én avant de la ferme Deraine, pour battre la plaine.
Le premier coup de la pièce de droite frappe en plein
dans la colonne ennemie et y met le désordre ; elle
s'ouvre sur les deux côtés de la route ; une partie se
jette à droite, dans la ferme Andrieu et les bâtiments
qui sont derrière, et la cavalerie à gauche. Trois pièces
se mettent en batterie derrière la haie de clôture de la
maison Andrieu, face au bois Hache ; une quatrième se
porte à gauche pour fouiller la vallée Prévost, où les
éclaireurs Brigot étaient déployés en tirailleurs, soutenus
plus tard par la 9ᵉ compagnie ; deux autres bouches à
feu restent en réserve en arrière. Le mur qui prolonge
la haie Andrieu est découronné de sa couverture en
chaume, et les granges sont trouées de créneaux pour
faciliter la fusillade de l'infanterie.

Un feu de tirailleurs et d'artillerie s'engage alors sur
toute la ligne. Il pouvait être midi. Notre pièce de gauche
ouvre son feu sur les bâtiments de la ferme Andrieu,
mais un accident arrivé à la culasse la met malheureusement hors de service, après le premier coup tiré. Celle
de droite, manœuvrée par d'ardents gardes nationaux,
transformés en artilleurs, tire coup sur coup. L'artillerie
ennemie répond vigoureusement et avec avantage. Les
trois pièces en batterie derrière la haie Andrieu couvrent
d'obus perpendiculairement le bois Hache et obliquement
les fermes Deraine et Lerichomme et les bois d'Alençon,
tandis que la quatrième en lance quelques-uns dans le
prolongement de la vallée Prévost. Au bruit du canon
et de la fusillade, la 8ᵉ compagnie, qui était de l'autre
côté de la Charentonne, avait passé la rivière, près de

la filature Avisse, avait été ralliée en ce moment par le détachement du sergent Lévesque, en retraite devant un peloton de dragons qu'il avait rencontré à mi-chemin de Saint-Quentin, et était venue se joindre à la 7e dans les bois d'Alençon. Cette dernière compagnie avait rencontré dans les bois, sur le chemin qu'elle gardait, quelques cavaliers éclaireurs qui s'étaient retirés, après avoir échangé quelques coups de fusil.

L'effort ayant été préparé, l'ennemi s'avance de front de chaque côté de la route à la faveur de ses nombreux obus, fouillant les bois, et de la fusillade supérieure de ses tirailleurs. Notre bouche à feu en batterie sur la route tira tant qu'elle put; mais, le premier servant ayant été atteint par un éclat d'obus et le deuxième servant blessé après lui également par un éclat d'obus, les autres n'eurent que le temps d'en enlever les roues et de la jeter dans le fossé, au moment où les Prussiens arrivaient dessus. A notre droite, les éclaireurs Brigot et la 9e compagnie, profitant successivement des banques de terre qui divisent les pâturages et des abris de la vallée Prévost et du Val-Monard, faisaient une retraite lente et soutenue; au centre, les 3e, 2e et 6e compagnies défendaient pied à pied le bois Hache, les fermes Deraine et Lerichomme et les pâturages qui sont en arrière ; à la gauche, les 7e et 8e compagnies, battues obliquement par les obus, suivaient lentement le mouvement de retraite, ne connaissant pas bien ce qui se passait à leur droite. Il régnait un grand brouillard, qui s'épaissit tellement vers 3 heures, qu'on y voyait à peine.

Le centre de la ligne avait été acculé sur le Cours et

rejeté dans la ville ; la droite qui avait essayé de tenir à la briqueterie du Val-Monard avait été obligée de l'abandonner ; il ne restait plus que la gauche, qui, ignorant les progrès de l'ennemi sur le centre et la droite, était restée en l'air et faillit avoir sa retraite coupée.

Tout n'était pourtant pas fini, et l'on allait voir ce que l'audace, jointe au désespoir, peut produire dans certaines circonstances et chez certains hommes. A l'extrémité du Cours, sur la partie du plateau qui s'avance comme un cap sur la ville, entre le chemin du Cours et la vieille route, s'élève une petite maison, dite la maison Fosse, plongeant sur la porte d'Orbec, et dont la situation, à la pointe du plateau qui avait été le champ de bataille, devait être l'objectif final de l'ennemi et lui donner l'entrée de la ville. Certainement cette maison était loin de prévoir le rôle important qui l'attendait, elle était presque inconnue ; aujourd'hui elle est devenue historique.

Les débris de la résistance avaient été rejetés en désordre dans la ville, et la journée pouvait être considérée comme finie, quand une vingtaine d'hommes de toutes les compagnies, attirés par l'énergie du lieutenant Bellaunay, de la 9e compagnie, se mirent en tête d'arrêter un détachement avancé de l'ennemi, qui s'était emparé de cette maison, laquelle pouvait servir d'appui à une attaque pour entrer dans la ville. Il était près de 4 heures.

A l'entrée de la ville, au bas et à l'extrémité de la vieille route, dont l'axe est perpendiculaire à la maison

Fosse, s'élève la maison Florentin Masselin, faisant l'angle de cette route et du boulevard. La maison contiguë a devant elle, sur la chaussée, un perron d'escalier en pierre, qui fait saillie et forme ainsi un abri à couvert des feux de la maison Fosse. C'est derrière cet abri, et à l'angle de la maison Masselin, que nos vingt gardes nationaux s'embusquèrent ; de là s'engagea avec la maison Fosse un duel à coups de fusil, qui dura plus d'une heure et jusqu'à la nuit. Le feu ayant cessé, une reconnaissance, opérée par le lieutenant lui-même, avec une dizaine d'hommes, par un petit sentier pratiqué sur le flanc de la côte, du côté de la nouvelle route, s'assura que l'ennemi avait entièrement abandonné la maison et la position.

Cet épisode, le dernier de la journée, arrêta définitivement l'ennemi qui ne voulut pas prononcer son mouvement davantage avant de s'être assuré, pendant la nuit, des moyens réels de défense que la ville pouvait avoir en main. Ce combat de la maison Fosse est un évènement de petite guerre vraiment très remarquable, et qui, malheureusement, a passé inaperçu, comme l'ensemble de la journée, au milieu du désastre des circonstances.

Les pertes de l'ennemi n'ont jamais été bien connues. On sait seulement que l'ennemi compta parmi ses morts le jeune comte Hirsch, aide de camp du duc de Mecklembourg, tué à Malouve, en apportant un ordre, et un officier (le lieutenant Slaeveke), tué dans la maison Fosse. Le lieutenant fut enterré en grande pompe dans le cimetière de Sainte-Croix ; le corps du comte Hirsch fut rapporté à Broglie et exposé dans l'église, avant d'être envoyé en Allemagne. Les pertes éprouvées dans la maison Fosse ont dû être relativement importantes, à en juger par les flaques de sang et les objets d'équipement trouvés dans les chambres du rez-de-chaussée et du premier étage.

Les pertes de la garde nationale sont, tués ou morts de leurs blessures :

1re Compagnie, ROULAND, Alphonse, garde.
4e — MOREL, Jules, —
4e — AUGUSTIN, Jean, —
5e — AGIS, Louis, —
7e — QUETTIER, Pierre, —
9e — SAUSSEY, Léon, —
Pompiers : TOUSSAINT, Edmond.

Blessés :

6e compagnie, CHARPENTIER, capitaine, frappé d'une balle en pleine poitrine.

6e compagnie, MORAINE, sous-lieutenant, atteint à la tête par une balle qui a contourné le front.

2e compagnie, TILLARD, Eugène, garde, blessé au genou par un éclat d'obus.

7e compagnie, SEIGNEUR, Louis, caporal, une balle dans la jambe.

Eclaireurs : MARTIN, Adrien, une balle dans le mollet.

Ont été décorés pour s'être distingués dans la journée du 24 :

Le docteur BARDET, médecin-major de la garde nationale ; le capitaine BRIGOT, commandant la compagnie d'éclaireurs ; le capitaine adjudant-major Piéron ; le lieutenant Bellaunay.

Le capitaine Charpentier, ex-brigadier de la garde municipale de Paris, retraité le 26 novembre 1864, chevalier de la Légion d'honneur et médaillé, a été maintenu et retraité dans son grade de capitaine.

Le sous-lieutenant Moraine, blessé dans les mêmes conditions que son capitaine, et proposé pour la médaille militaire, l'a obtenue. Ex-grenadier au 3e de ligne, 7 ans de service. Ouvrier marié, un enfant.

Le garde Tillard, également proposé pour la médaille militaire, l'a aussi obtenue. Ce vigoureux soldat, atteint d'un éclat d'obus au genou, après la blessure du premier servant, frappé mortellement sur sa pièce, continua à tirer, et le dernier coup de canon, à 12 mètres des Allemands. Ex-soldat au 4e d'infanterie de marine, 8 ans de service, 11 campagnes. Ouvrier, une femme et trois enfants. (*)

La brigade d'avant-garde du corps du duc de Mecklembourg, engagée le 21 avec la garde nationale, était sous les ordres du général-major Bredow, division Trescow. Elle s'élevait à environ 3,000 hommes de toutes armes, avec 6 bouches à feu.

La garde nationale qui avait combattu avait présenté en ligne 7 compagnies, composées des gardes nationaux les plus jeunes et les plus valides, en tout environ 400 hommes et deux pièces de canon ; pas un seul cavalier.

______

(*) Ces deux anciens militaires sont morts déjà depuis longtemps. C'est par erreur que le rapport exprimait le regret qu'ils n'eussent pas été médaillés.

La reconnaissance et le combat du 21 avaient fait connaître qu'on avait eu affaire à une puissante avant-garde, suivie de tout son corps d'armée, marchant sur Rouen dans un but stratégique. Le devoir avait été accompli, prétendre faire davantage eût été insensé ; les plus enragés le comprirent.

Dès le matin du 22, des routes de Beaumesnil, Broglie, Orbec et Lisieux, convergeant sur Bernay, débouchèrent de fortes colonnes ennemies dans le plus grand ordre. Ce ne fut qu'un défilé général pendant toute cette journée de dimanche. L'autorité militaire prit possession de la ville et ordonna le désarmement. Les habitants, à qui la résistance de la veille faisait craindre les représailles des Allemands, furent tranquillisés dans leur douleur. La ville fut réquisitionnée, mais respectée, personnes et biens. La réquisition de guerre, portée d'abord à 250,000 francs, fut réduite à 150,000 et immédiatement payée. En garantie de la somme exigée, l'autorité allemande avait pris et emmené comme otages le sous-préfet, M. Leguerney, et deux conseillers municipaux, M. Gilles et M. Ovide Buisson. Ils furent rendus à la liberté aussitôt le paiement effectué.

L'armistice fut signé le 27 janvier, cinq jours après l'entrée des Allemands. Bernay a donc eu l'honneur d'avoir résisté jusqu'au dernier moment. Pendant l'occupation, qui dura jusqu'au 10 mars, Bernay eut à loger et à nourrir un effectif presque constant de 2,000 hommes environ, de toutes armes, se renouvelant fréquemment.

Voilà l'histoire de Bernay pendant 8 mois. Durant

cette courte période, longue par la multiplicité et la gravité des évènements qui se sont succédé, la petite ville de Bernay s'est élevée à la hauteur des circonstances, d'abord en s'exerçant, ensuite en pratiquant, enfin en combattant, et, après avoir combattu, en sachant supporter ses désastres avec résignation et la force de philosophie que donne une conscience satisfaite.

Ce qui constitue l'héroïsme de la défense, c'est qu'elle se fit par les seuls gardes nationaux de la ville, sans l'appui d'aucun soldat de l'armée régulière ou auxiliaire.

Le souvenir de la défense a été consacré, le 24 janvier 1872, en élevant aux glorieux morts de cette journée un modeste monument, sur le lieu même où s'était concentrée l'énergie de l'attaque et de la défense. Chaque année, à l'anniversaire du 21 janvier, la compagnie de pompiers, précédée de la musique municipale, et une masse d'habitants, parmi lesquels un grand nombre d'anciens gardes nationaux, viennent saluer la colonne funéraire et lui faire hommage de couronnes d'immortelles, expression de leurs regrets et de leur souvenir.

Avec le temps, cette colonne deviendra légendaire. Qu'est-ce que la légende ? Ah ! la légende ! nous l'avons entendu attaquer, nous sommes heureux de trouver aujourd'hui l'occasion de la défendre. La légende ? mais c'est la poésie de l'histoire, c'est la traînée lumineuse des grands hommes et des grandes choses ; pas de nation, grande ou petite, sans légende ; donc, travailler à la détruire, c'est porter une main parricide et sacrilège sur l'existence nationale ; chercher, au contraire, à la grandir, c'est faire acte de patriotisme, acte de foi dans l'avenir du pays, acte de fanatisme, si vous le voulez ; le fanatisme est toujours saint, quand il a pour but le culte de la patrie et des grandes vertus civiques !

Enfants de Bernay, vous continuerez, après nous, à entourer de vos respects, de vos sympathies et de votre sollicitude cette colonne élevée par nos mains ; vous n'oublierez jamais que c'est là, dans ces bois encore pleins de leur souvenir, que vos pères, écrasés par l'ennemi, ont fait leur dernière et suprême résistance ; vous vous inspirerez de leur exemple, et si jamais l'étranger foulait de nouveau le sol natal, vous sauriez mourir comme eux, si comme eux, vous ne pouviez vaincre !

24 Février 1888.

A. GOUJON.

Officier supérieur en retraite, ancien colonel
des mobilisés de l'Eure, ancien commandant
de la garde nationale de Bernay.